2,50

Ulf Ekman

Gott will alle heilen

JESUS!Gemeinde Verlag, Rinteln

Titel der schwedischen Originalausgabe:

„Gud vill hela alla"

Veröffentlicht von:
Word of Life Publications
Box 17, S-75103 Uppsala, Schweden

Deutsche Übersetzung:

JESUS!GemeindeVerlag
Bäckerstraße 53
D-31737 Rinteln
Tel. 0 57 51 / 4 61 31
Fax 0 57 51 / 4 47 36

ISBN 3–930764–71–7
1. Auflage, Dezember 1994

Übersetzung: Doris Altvater
Druck: Schönbach Druck GmbH, Erzhausen

Die Bibelzitate wurden in der Regel der Luther-Bibel (LU) und der Menge-Bibel (ME) entnommen

Gott will alle heilen!

„Geliebter, ich wünsche dir allseitiges Wohlergehen und Gesundheit, wie es ja mit deiner Seele gut steht." (3. Joh 2)

Dies ist ein Gruß von Johannes an seinen Bruder im Herrn, Gajus, aber ebenso ein Gruß vom Heiligen Geist direkt an dich. Alle Schrift ist von Gott inspiriert und gilt allen Menschen; deshalb sollen auch wir sie annehmen. Dies ist z.B. auch in Paulus' Briefen an die Epheser und Korinther offenkundig. Die Briefe sind nicht nur an die Gläubigen dieser Gemeinden gerichtet, sondern auch an alle, die sie später noch lesen würden.

Gott spricht zu seinem Volk durch sein Wort. Es ist eine der wichtigsten Methoden, die er zum persönlichen und direkten Kommunizieren mit dir benutzt.

In dieser Schriftstelle sagt Gott: „Ich bete." – Er hofft also nicht nur, sondern er begehrt, es ist sein Wille – daß es dir in allem wohl ergeht und daß du gesund sein sollst.

Der Vers schließt, „… wie es ja mit deiner Seele gut steht." Der Mensch ist Geist, Seele und Körper (1.Thess 5:23). Du wurdest nach dem Bilde Gottes geschaffen, als dein Geist wiedergeboren wurde. In dem Moment kam Gottes eigene Gesundheit durch die Person Jesus Christus in deinen Geist und fing an, deine Seele zu beeinflussen. Gottes Gesundheit ist in deinem Geist. Während deine Seele auf das Wort Gottes ausgerichtet wird, kannst du beobachten, wie dein Körper in diesen Status von Gesundheit kommt.

Aber manche mögen fragen, „Will Gott jeden heilen? Ist es wirklich recht zu beanspruchen, daß jeder gesund sein sollte?" Ebenso könnten wir fragen, „Muß jeder errettet werden?" Nein, niemand m u ß errettet werden, obgleich Gott das möchte (1.Tim 2:4). „Muß jeder in Zungen sprechen?" Nein, niemand m u ß in Zungen sprechen, aber Gott möchte, daß du mit Heiligem Geist erfüllt und imstande bist, in Zungen zu sprechen (Joh 7:37–39). „Muß jeder gesund sein?" Nein, aber Gott möchte, daß du bei guter Gesundheit bist.

Das Wort Gottes vor Erfahrung

Wenn man Gottes Willen bezüglich Heilung ergründet, muß man berücksichtigen, was die Bibel sagt und nicht, wie deine persönlichen Erfahrungen waren. Wenn du negative Erfahrungen gemacht hast, leg' sie zusammen mit deinen unbeantworteten Fragen beiseite. Vergiß sie und konzentriere dich allein auf das, was Gott in seinem Wort erklärt.

Die Erfahrung sagt uns, daß nicht jeder geheilt wird. Viele gute Christen sind gestorben, und wir stehen mit der Frage da: „Aber sie war doch so lieb und nett und tat so viel für den Herrn. Ihr halbes Leben war sie krank, aber sie betete Erweckung auf jede Stadt herab, in der sie lebte. Warum wurde sie nicht geheilt?"

Gott gibt dir vielleicht nie eine Antwort auf diese Frage. Der Heilige Geist ist ein Gentleman und wird dir nicht erlauben, in das Herz einer anderen Person hineinzusehen. Du weißt wirklich sehr wenig über andere Menschen, was sie sagen und wie sie denken und handeln, wenn niemand sie sieht. Dies muß uns nicht neugierig auf andere machen, sondern wir sollten uns vergegenwärtigen, daß wir wirklich nicht viel über andere Menschen wissen. Deshalb können wir nicht immer richtig beurteilen, was bei ihnen geschieht. Wenn du fragst, „Was wird aus ihnen?" wird Jesus dir genauso wie dem Petrus antworten: „Was geht dich das an? Folge du mir nach. Ich bin imstande, mich um sie zu kümmern. Die Frage ist, kann ich mich um dich kümmern, und wirst du hören und reagieren auf das, was ich dir über dein eigenes Leben sage?" (s. Joh 21:2+22)

Du kannst nicht deine Erfahrungen – weder positive noch negative – als Vorwand benutzen, wenn du mit dem Wort Gottes konfrontiert wirst. Du mußt deine Erfahrungen dem unterordnen, was Gott in seinem Wort sagt. Dieses allein ist die Wahrheit!

Heilung kommt auf vielen Wegen

Die Bibel lehrt uns, daß Heilung auf verschiedene Arten stattfinden kann. Jedoch meinen viele, daß sie primär auf nur einem Wege komme – durch die Gaben des Geistes. Manche denken sogar, „Wenn ich nicht durch eine Geistesgabe geheilt werde, will ich überhaupt nicht geheilt werden." Solche Gedanken beschränken den Heiligen Geist, der dich souverän anrühren und heilen und dir geben will, was du brauchst. Am häufigsten bringt Gott Heilung zustande als Teil seines Bundes auf der Basis seines Wortes (Jes 53:4–5, Matth

8:16–17, Hebr 9:11–15). Wenn du anfängst, Gottes Wort in dein Herz zu säen, wirst du durch jeden möglichen Kanal empfangen können in einer Art, die vorher unmöglich war. Allein Gottes Wort bringt Gesundheit, wenn es geglaubt wird.

Gott heilt auch durch Wunder und geistliche Gaben. Er heilt durch Wunder sofort oder über eine gewisse Zeit. Es kann Jahre dauern, bis eine Heilung sich völlig manifestiert, aber die Manifestation wird kommen!

Wir können Heilung auch durch das Abendmahl, durch Salben mit Öl, Handauflegen, Gebetstücher und durch das Gebet des Glaubens empfangen.

Gott hat uns eine große Vielfalt gegeben, wie seine Heilungskraft zu uns fließen kann. Es ist jedoch nicht unsere Sache zu entscheiden, wie Heilung zustande kommen soll, d.h. ob sie unmittelbar oder allmählich geschieht. Wir wählen einfach Heilung und empfangen sie, auf welche Art auch immer.

Du hast Verantwortung

Du mußt deinen Part im „Spiel" deiner Heilung begreifen. Wir sind gewöhnlich ziemlich geschickt, unsere Veranwortung zu meiden und eifrig darin, sie von anderen tragen zu lassen; z.B. denken manche Leute: „Wenn mir jemand die Hände auflegt und ich nichts geschehen fühle, ist es vielleicht, weil keine Kraft in seinen Händen war." Aber so funktioniert das nicht. Selbst wenn die Salbung Gottes mit Macht kommt, muß sie immer noch im Glauben empfangen werden. Du mußt sie annehmen. Wenn die Salbung kommt, ist es notwendig, daß du sie in deinem Herzen empfängst. Deine Haltung sollte sein: „Dies ist jetzt die Heilungskraft Gottes für mich. Ich empfange sie im Glauben. Ich nehme die Kraft an, und ab jetzt bin ich geheilt. Die Manifestation kann jetzt oder später eintreten, aber im Glauben empfange ich meine Heilung jetzt."

Du hast eine persönliche Verantwortung, wenn es um das Annehmen geht, selbst wenn Wunder und andere Gaben um dich her stattfinden. Oft verlieren Leute ihre Heilung aus Mangel an Erkenntnis in diesem Bereich, auch wenn viele wunderbare Manifestationen der Kraft Gottes da waren. Sie können eine starke Heilung erlebt haben, nur um wenige Tage später angegriffen zu werden. Der Schmerz und die Symptome sind wieder da. Wenn sie an diesem Punkt dem, was sie fühlen, mehr glauben als dem, was Gott getan hat, kann der Teufel sie leicht betrügen und ihnen wegnehmen, was Gott ihnen gegeben hat.

Du mußt Gottes Willen kennen

Bevor du empfangen kannst, was Jesus dir geben möchte, mußt du klar wissen, ob Gott jeden heilen will.

Sagen wir einmal, Gott will 83 Prozent der Leute heilen; was glaubst du, wird der Teufel dann tun? Er wird dir erzählen, daß du zu den restlichen 17 Prozent gehörst! „Gott will 83 Prozent der Menschen heilen," wird er sagen, „aber für den Rest von euch hat er andere Pläne." Er wird dir erzählen, daß du nicht zu den Erwählten gehörst. Dann kannst du ebensogut versuchen, das Beste aus deiner Situation zu machen. Wenn du meinst, zu den nicht zu Heilenden zu gehören, bist du in einer Position der Unwissenheit darüber, ob Heilung dir gehört. Du bist nicht in der Position des Glaubens. Und doch sagt die Schrift, daß wir im Glauben beten sollen, ohne zu zweifeln. Wir sind nicht wie eine Meereswoge, die hin und her geworfen wird.

> **„Ein solcher Mensch erwarte nicht, etwas vom Herrn zu empfangen.“** (Jak 1:6-7)

Der Teufel möchte dich in eine Situation drängen, wo es für dich unmöglich wird, von Gott etwas zu empfangen. Wie macht er das? Er bringt dich dazu, am Willen Gottes zu zweifeln. Durch deinen Zweifel wirst du hin und her geworfen und denkst: „Vielleicht ist es Gottes Wille, vielleicht auch nicht...“

Der Teufel spielt mit dir, indem er sagt: „Wenn es Gottes Wille gewesen wäre, spürtest du jetzt eine Veränderung. Du fühlst nichts, also kann es nicht Gottes Wille sein. Du mußt wohl deine Situation annehmen, wie sie ist.“ Wenn du deine Sinne nicht durch das Wort Gottes erneuert hast, und deshalb seinen Willen nicht kennst, ist der Teufel in der Lage, dir zu stehlen, wofür Jesus starb – das LEBEN.

Es bedeutet nicht, daß mit dir etwas verkehrt ist, wenn deine Heilung sich nicht sofort einstellt. Das möchte der Teufel dir zwar gern weismachen. Er beschuldigt und verdammt die Menschen auf alle erdenkliche Weise. Aber davon sprechen wir nicht. Wir sprechen über den Willen Gottes, darüber, was Gott begehrt. Wenn du weißt, was Gott tun will, kann der Heilige Geist dich so führen, daß Gottes Wille in deinem Leben zur Wirklichkeit wird.

Dann kannst du friedlich entspannen, ganz gleich, wie lange es dauert. Du weißt, daß Gott am Werk ist und daß es keine Verdammnis gibt für die, die in Christus Jesus sind (Röm 8:1).

Was Jesus tat, soll unser Leben auf der Erde beeinflussen, nicht nur im Himmel. Du mußt den Willen Gottes kennen, um seine Geschenke für dich annehmen zu können. Wenn du unwissend darüber bist, kann der Teufel dich aus dem herausbetrügen, was dir zusteht.

Der Ursprung von Krankheit

Ehe wir sicher sein können, daß Gott alle heilen will, müssen wir herausfinden, woher Krankheit kommt. Wenn Gott Quelle und Ursprung von Krankheit ist, wäre es doch Sünde, ihn um Entfernung dessen zu bitten, womit er uns gesegnet hat! Die Schrift sagt, daß alle gute Gabe von Gott kommt (Jak 1:17), mit anderen Worten: alles, was von Gott kommt, ist ein Segen und gut. Wenn Krankheit von Gott käme, sollten wir ihn nicht bitten, sie wegzunehmen. Wir würden dann außerhalb des Willens Gottes beten, und das will doch niemand.

Gewiß kennt Jesus die Quelle für Krankheit. In Lukas 13 sehen wir, wie er einer Frau seine Hände auflegt, die 18 Jahre von einem Geist der Schwäche gebunden gewesen war. Er sagte zu ihr: „Frau, sei los von deiner Schwäche" (V. 12). Wie üblich waren die Pharisäer aufgebracht, als er sie heilte. Aber Jesus antwortete ihnen und sagte: „Sollte nicht diese Frau, eine Tochter Abrahams (sie stand unter dem Bund Abrahams), die Satan gebunden hielt … gelöst werden?" Jesus stellt hier deutlich fest, daß diese Krankheit vom Teufel war.

Apostelgeschichte 10:38 sagt uns, daß Jesus von Nazareth „umherging, Gutes tat und alle heilte, die vom Teufel unterdrückt waren." Es heißt nicht, daß er die heilte, die von Gott unterdrückt waren, sondern die vom Teufel Unterdrückten.

Lukas 4 beschreibt, wie Jesus in der Synagoge einen bösen Geist austrieb und wie er später bei Petrus' Schwiegermutter einem Fieber widerstand. In beiden Fällen wird dasselbe griechische Wort benutzt. Warum? Weil die Quelle dieselbe ist! Er gebrauchte beide Male dasselbe Wort und hatte dieselbe Haltung, weil er die Quelle der Krankheit kannte. Er widerstand der Krankheit und befreite Petrus' Schwiegermutter, und als Ergebnis wurde sie heil. Achte darauf, was sie anschließend tat: sie diente Jesus (Luk 4:39). Gott will, daß mit dir dasselbe geschieht. Wenn er dich heilt, richtet er dich auf und befähigt dich, ihm besser zu dienen als während deines Krankseins. Akzeptiere niemals die Lüge des Teufels, der dir sagt, daß du dem Herrn besser dienen kannst, wenn du krank bist! Das ist nicht wahr. Gott kann dich gebrauchen, wenn du krank bist, aber er kann viel mehr tun, wenn du geheilt bist.

Du sagst vielleicht: „Aber spricht Jesus nicht davon, daß Krankheit Gott verherrlicht? Lazarus' Krankheit war zur Verherrlichung Gottes, nicht wahr?" (Joh 11:4)

Schau' näher hin, und lies die ganze Geschichte. Was verherrlichte Gott eigentlich? Die Tatsache, daß Lazarus geheilt und vom Tode auferweckt wurde! Heilung verherrlicht Gott, nicht Krankheit.

Jesus zeigt uns den Willen des Vaters

Vor dem Fall des Menschen gab es keine Krankheit. Als der erste Mensch sich jedoch gegen Gott verging, kamen Sünde und Tod in die Welt. Der Römerbrief spricht davon, daß als Ergebnis von Adams Sünde der Tod zu allen Menschen kam (Röm 5:12). Wie sterben Menschen? Infolge Krankheit. Durch den Fall kam ein Fluch auf die ganze Menschheit; wegen Sünde hielt Krankheit Einzug in die Welt. Aber wo die Sünde groß ist, sagt die Bibel uns, da ist die Gnade um so größer durch Jesus Christus.

Was geschah, als Jesus auf die Erde kam? Er demonstrierte den Willen des Vaters. Sein Leben zeigt uns, was der Vater sagen und auf der Erde vollenden will. Jesus kam, um die Werke des Teufels zu zerstören. Wie tat er das? Er heilte die Kranken. Jedesmal wenn Jesus Kranke heilte, zerstörte er Werke des Teufels! Er sagte:

> **„Ich kann nur tun, was ich den Vater tun sehe."** (Joh 5:19)

Er richtete nicht seine eigenen Werke aus. Er tat, was er den Vater tun sah. Was sah er den Vater tun? Er sah ihn umhergehen und die Kranken heilen. Das sah er im Geist und sagte:

> **„Denn ich bin vom Himmel gekommen, nicht um meinen eigenen Willen zu tun, sondern den Willen dessen, der mich gesandt hat."** (Joh 6:38)

„Der Geist des Herrn ist auf mir, denn er hat mich gesalbt, das Evangelium den Armen zu predigen. Er hat mich gesandt, die zerbrochenen Herzens sind zu heilen, den Gefangenen Befreiung zu predigen, Wiederherstellung des Augenlichts den Blinden, die Unterdrückten freizusetzen und das angenehme Jahr des Herrn zu verkünden."
(Luk 4:18-19)

Sklaven und Gefangene mußten in Israel jedes fünfzigste Jahr (während des Jubeljahres) frei gelassen werden. Für Jesus bedeutete das: Sklaven der Sünde und von Krankheit Gefangene sollten aus ihren Ketten befreit werden.

Als Johannes Jesus durch Abgesandte fragen ließ, ob er wirklich der wäre, der kommen sollte, antwortete Jesus:

„Geht hin und erzählt Johannes die Dinge, die ihr hört und seht: Blinde erhalten ihr Augenlicht, Lahme gehen, Aussätzige werden rein und Taube hören. Tote stehen auf, und den Armen wird die Frohe Botschaft gepredigt."
(Matth 11:4-5)

Teil des Beweises, den Jesus dem Johannnes gab, war die Tatsache, daß durch ihn Heilungen stattfanden. Dies ist die Frohe Botschaft! Dies ist der Wille Gottes für die Erde.

Blick' auf Jesus!

Wie können wir sicher sein, daß Gott wirklich alle heilen will? Indem wir Jesu Leben betrachten und sehen, wer er ist.

Wir müssen den Heiligen Geist um Offenbarung darüber bitten, wer Jesus ist und was er tut. Wir brauchen eine Offenbarung der erstaunlichen Liebe, des Mitleids und der Kraft, die durch seine Person fließen. Jesus war der Menschensohn und der Sohn Gottes, der umherging, Gutes tat und alle heilte (Apg 10:38). Er heilte a l l e, die zu ihm kamen (Matth 8:16, Luk 4:40, Matth 12:15).

Jesus ist heute noch genau derselbe! Das Buch Maleachi sagt uns, daß Gott sich nicht ändert (Mal 3:6). Sein Name und Charakter ist immer derselbe. Bei ihm gibt es keine Veränderung oder zeitweilige Verdunkelung (Jak 1:17). Er ist ewig gleich! Die Kraft, die er auf dem Berg Sinai ausstrahlte, ist dieselbe Kraft, die er auf seinem Weg auf Erden ausstrahlte, und genau diese Kraft ist noch heute in seinem Leib aktiv.

Die Schrift sagt, daß Gott nicht die Person ansieht (Röm 2:11). Wenn er einen Menschen geheilt hat, wissen wir, daß dasselbe als sein Wille jedem von uns gilt. Er liebt uns alle gleich. Sein Herz fließt über von Liebe, Leben und Kraft für jeden Menschen, der sie empfangen will. Er wählt nicht aus jeder Generation einige Individuen aus, die er segnen und heilen will. Er läßt jedem seine Gnade zufließen. Seine Gnade ist Leben und Kraft. Seine Gnade manifestiert sich in der Sonne der Gerechtigkeit, die aufgeht mit Heilung unter ihren Flügeln (Mal 4:2).

Das Wort Gottes ist Heilung

Erzählen dir Leute, daß du unter Verdammnis gerätst, wenn du dieser Lehre zuhörst? Du wirst überhaupt nicht verdammt! Du wirst ermutigt, und dein Geist wird den Geist Gottes bezeugen und sagen, „es gibt immerhin Hoffnung für mich."

Diese Propheten, die dir einzureden versuchen, daß Gott dich durch deine Krankheit etwas lehren will, werden dir niemals geben können, wonach dein Herz sich wirklich sehnt. Vielleicht dauert es fünf, zehn oder sogar fünfzehn Jahre, bis deine Heilung sich manifestiert, aber was macht das? Wichtig ist, daß du weißt, Gott ist mit dir. Du weißt, daß er dich weder verlassen noch versäumt hat. Er steht an deiner Seite, voller Gnade, Mitleid und mit der Macht, etwas an deiner Situation zu tun. – Laß' die Propheten dieser Welt nicht mit ihren menschlichen Gedanken entscheiden, ob du in der Fülle Gottes wandelst oder nicht. Laß Gottes Wort das tun. Die Schrift sagt, daß das Wort Gottes Heilung für deinen ganzen Körper ist (Spr 4:22). Darüberhinaus sagt die Bibel, daß sogar deine eigenen Worte Heilung sind. Das heißt: wenn du mit deinen Lippen das Wort Gottes sprichst, produziert es Heilung in deinem Körper (Mark 11:23, Röm 10:10, Jak 3:4–5).

Alles und alle!

Jetzt wollen wir Jesus betrachten. Sieh´ die Liebe und Kraft, die er als lebendige Offenbarung demonstriert, um uns den Willen, die Gesinnung und das Herz des Vaters uns gegenüber zu zeigen. Der Sohn offenbart den Willen und die Werke des Vaters und zeigt uns, wer der Vater ist. Er befähigt uns, alles zu empfangen, was der Vater für uns hat.

Jesus ging umher (Preis dem Herrn, er saß nicht klagend und kritisierend herum!) in allen Städten und Dörfern und lehrte (Matth 9:35). Du brauchst Lehre über das Reich Gottes. Du mußt wissen, was es beinhaltet. Du sollst die Folgerung verstehen, Bürger des Reiches zu sein, und deine Rechte und Verantwortlichkeiten, die du gemäß dem neuen Bund hast.

Jesus ging umher, predigte die Botschaft vom Reich Gottes, heilte jede Krankheit und alle Gebrechen unter den Menschen. Laß den Heiligen Geist alles in deinen Geist eingravieren, was Gott dir in seinem Wort gesagt hat:

> **„Jesus ging umher und heilte alle Krankheiten und alle Gebrechen."** (Matth 9:35)

Er heilte nicht nur einige. – Es gibt Hoffnung bei jeder nur denkbaren Krankheit. Es gibt eine Antwort auf jedes einzelne Gebrechen! Jesus demonstrierte das, als er die Menschen heilte.

> **„Und als er seine zwölf Jünger zu sich gerufen hatte, gab er ihnen Vollmacht, unreine Geister auszutreiben, und alle Arten von Krankheiten und Gebrechen zu heilen."** (Matth 10:1)

Die Jünger sollten die gleichen Dinge wie Jesus tun. Wenn sie nicht tun, was Jesus tut, machen sie etwas falsch. Jesus tat nur, was er den Vater tun sah. Wir, seine heutigen Jünger, tun nur, was wir den Sohn tun sehen. Der Sohn hat uns befohlen: Geht hinaus und predigt allen Menschen das Evangelium. Legt Kranken eure Hände auf, und sie werden genesen (Mark 16:15–18).

Das Herz des Vaters

> **„Als die Sonne unterging** (die Arbeit ging bei Jesus erst richtig los, wenn der Tag zuende ging), **brachten sie alle Kranken mit verschiedenen Gebrechen zu ihm, und er legte seine Hände jedem von ihnen auf und heilte sie."** (Luk 4:40)

Nicht nur vier oder fünf Menschen kamen zu ihm, sondern ganze Städte. Immer und immer wieder lesen wir, daß jeder, der zu ihm kam, geheilt wurde. Später in der Apostelgeschichte sehen wir das Gleiche geschehen (Apg 5:16).

Ich hörte einmal eine Geschichte über Oral Roberts, einen kraftvollen Heilungsevangelisten. Er hielt Veranstaltungen ab in Manila, einer enorm bevölkerungsreichen Stadt auf den Philippinen. Er sah die Menschen, die gekommen waren, ihn zu hören. Er sagte: „Der Herr hat mir eine besondere Salbung gegeben, Kranken Hände aufzulegen. Ich muß jedem Kranken hier die Hände auflegen." Man reihte alle Kranken vorn auf dem Platz auf, wo er stand – die Reihe wurde so lang, sie reichte zuletzt bis zum Stadtzentrum! Vier oder fünf Stunden gingen sie an ihm vorbei, einfach weil er entschlossen war, jedem von ihnen seine Hände aufzulegen.

Was war dies, eine neue Methode? Nein, es ist das Herz Jesu. Es ist das Herz des Vaters, das voller Mitleid die Menschen ansieht. Die Bibel sagt, daß Jesus alle Arten Krankheit und Gebrechen heilte. Als er alle diese Menschen sah – mit ihren Krankheiten und Gebrechen –, hatte er Mitleid mit ihnen (Matth 9:35–36).

Jemand sagt vielleicht, „Über Heilung so zu sprechen, läßt sie schwierig erscheinen." Das ist albern! Wenn du die Kraft des Heiligen Geistes zur Heilung von Menschen freisetzen willst, dann setzt du des Vaters Herz frei. Er verlangt danach, seine Kinder mit seiner Heilungskraft zu erreichen. Er hat Mitleid mit uns, weil er sieht, was der Teufel uns gestohlen hat. – Der Teufel ist darauf aus, zu stehlen, zu morden und zu zerstören (Joh 10:10). Er will deine Gesundheit stehlen, deinen Frieden, deine Freunde und alles andere, was er nur in seine Hände kriegen kann. Aber Preis sei dem Herrn für Jesus Christus, der seine Werke zerstört hat. Er etablierte Gottes Reich und ging umher, indem er Gutes tat und alle heilte, die vom Teufel unterdrückt waren, denn Gott war mit ihm (Apg 10:38).

Er hat sich nicht geändert

Gott war mit ihm – und derselbe Gott lebt in dir. Der große Arzt, der umherging, Gutes tat und alle heilte, tut heute immer noch dasselbe. Er hat sich nicht geändert. Jetzt jedoch tut er das Werk nicht durch seinen physischen Leib, sondern durch seinen geistlichen Leib, die Gemeinde.

Beachte, daß wir nicht davon sprechen, wie du dich gerade fühlst, oder von deinen Gedanken, wie das zugehen soll. Wir sprechen über den Willen des Vaters, damit er sich schließlich in deinem Geist niederlassen kann. Wenn das geschehen ist, hat Gott einen Plan, um sicherzustellen, daß du die Manifestierung deiner Heilung empfängst. Aber zuerst mußt du wissen, wie der Vater dich sieht und was er für dich will. Ob physische, mentale oder soziale Gesundheit – er wünscht, daß es dir in allen Dingen wohl geht und du bei guter Gesundheit bist, wie es auch mit deiner Seele wohl steht (3. Joh 2).

In Markus 1:40 kam ein Mann zu Jesus, ein Sohn Abrahams, der von der Gesellschaft wegen seiner Krankheit ausgeschlossen war. Jemand hatte ihm das Leben gestohlen. Jemand hatte ihn gezwungen, völlig abgesondert von der Gesellschaft zu leben. Er war hinausgetrieben worden in eine Höhle, weit weg von allen anderen. Wenn dieser Mann die Straße benutzte, mußte er ein Schild tragen, auf dem stand „Unrein". Er brauchte eine Glocke, damit die Leute ihn hörten, wenn er sich näherte, und wenn er noch weit weg war, mußte er rufen: „Unrein, unrein!" Auf diese Weise mußte niemand mit ihm in Berührung kommen und riskieren, von ihm infiziert zu werden. Er war völlig vom Leben abgeschnitten.

Dies ist einer von den Menschen, die Jesus abholt. Als dieser Aussätzige vor Jesus auf seine Knie fiel, sagte er: „Wenn du willst, kannst du mich rein machen" (V. 40). Mit anderen Worten sagt er: „Ich weiß, daß Gott allmächtig ist und alle Dinge tun kann."

So solltest du nicht beten! Sogar die Dämonen wissen, daß Gott alles kann. Die Dämonen wissen, daß Gott existiert, und zittern bei dem Gedanken. Es ist nichts Besonderes, an Gottes Allmacht zu glauben.

Die eigentliche Frage geht um Gottes Bereitwilligkeit! Gott könnte unvorstellbar reich sein und dennoch entscheiden, daß nichts von seinem Besitz dir gehört. Aber so ist es nicht. Gott hat dir durch Jesus Christus alles gegeben, was er hat. Gott will tun, was er durch Jesus demonstriert hat.

Ein für allemal antwortet Jesus denen, die fragen: „Ist es der Wille des Vaters? Ist es der Wille des Sohnes? Ist es der Wille des Heiligen Geistes, die Kranken zu heilen?" Voller Mitleid antwortet Jesus dem Aussätzigen. Er streckt seine Hand aus, berührt ihn und sagt: „Ich w i l l, sei rein." (V. 41). In diesem Moment wurde diese Frage für immer geregelt. Gott will jeden heilen; er ist willens und fähig dazu!

Die Bibel sagt uns, daß er umher ging und alle heilte, die vom Teufel unterdrückt waren. Heilung ist nicht nur eine Nebensache, die manche Leute beiseite stellen und sagen: „Es ist ja schön, daß Leute für Kranke beten, aber wichtiger ist doch, daß der Geist der Menschen errettet wird." Ja, nach dem Maßstab der Ewigkeit ist die Errettung des Geistes am wichtigsten, aber hier auf der Erde sollten wir nicht trennen, was Gott zusammengefügt hat.

Gott sieht Heilung als etwas Bedeutendes an, nachdem Jesus ein Drittel (!) seiner Zeit mit Krankenheilungen zubrachte. Die Dinge, auf die Jesus viel Zeit verwandte, sind die wichtigsten. Tatsächlich waren seine letzten Worte die wichtigsten von allen.

„Mir ist gegeben alle Gewalt im Himmel und auf Erden." (Matth 28:18)

„Geht hin in alle Welt und predigt das Evangelium der ganzen Schöpfung...diese Zeichen werden denen folgen, die da glauben: In meinem Namen werden sie Dämonen austreiben...sie werden Kranken die Hände auflegen, und sie werden gesund." (Mark 16:15.18)

Mächtige Wunder

Es kommt eine Zeit in der Gemeinde Gottes, in der wir schwer behinderte Menschen vor unseren Augen geheilt sehen werden. Der Teufel mag zu dir sagen: „Was ist mit der Person Soundso? Sie ist ein hoffnungsloser Fall." Aber wenn der Heilige Geist uns zusammenbringen kann in der Einheit, die der Herr sich wünscht, und wenn er eine Erwartung in unsere Herzen legen kann, werden wir so mächtige Taten sehen wie noch nie.

Ich hörte von einer Evangelistin, die mächtig vom Herrn gebraucht wird. Sie betete einmal für eine Frau, eine Alkoholikerin, die nach vorne gekommen war, um errettet zu werden. Die Evangelistin betete mit ihr, und sie wurde errettet. Dann sagte die Frau: „Morgen werde ich mein Kind mitbringen. Es ist durch Alkohol von Geburt an geschädigt. Ich will meine Tochter morgen mitbringen, damit sie geheilt wird." Die Evangelistin wurde beiseite genommen und erfuhr, daß dem Kind ein Arm fehlte. Es hatte nur einen kleinen Stumpf, wie ein Contergan-Kind. Als es am nächsten Abend Zeit für

Gebet war, stand die Frau mit ihrem zweijährigen Kind da. Die Evangelistin betete schlicht im Namen Jesu und ging weiter. Sie fürchtete sich und war die ganze Nacht zum Fasten und Beten aufgeblieben.

Etwa vier Monate später kam sie in die Gegend zurück und fing an, von Gerüchten über ein gewisses Baby zu hören, das auf dramatische Weise geheilt worden war. Sie fand schließlich heraus, um was es ging, und entdeckte, daß es tatsächlich jenes Kind war!

In den vergangenen Monaten hatte der kleine Stumpf angefangen zu wachsen und wuchs weiter. Ein Glied formte sich, das weiter wuchs, bis ein kleiner „Knopf" sich am Ende formte. Vier Huckel erschienen auf dem „Knopf" und wuchsen weiter. Dann zeigte sich ein fünfter Huckel. Finger wuchsen heran, und auf den Fingern entstanden Nägel. Nach vier Monaten waren ein vollkommener Arm und eine Hand da, vollständig mit Fingern und Nägeln. – Halleluja!

Für Gott ist nichts unmöglich! Er wollte nicht nur dieses kleine Kind heilen; er will deinen Nöten ebenso begegnen. Sag' nicht, er kann nur Erkältungen heilen. Er ist imstande und bereit, soviel mehr zu tun!

Wenn wir anfangen, das zu erwarten, werden wir wunderbare, mächtige Taten durch den Heiligen Geist übernatürlich fließen sehen. Gott möchte dich und mich gebrauchen, um seine Herrlichkeit zu manifestieren – und die Welt wird erkennen, daß Jesus wirklich lebt!

Die Menschen in der Welt sind geistlich tot. Sie können die Stimme des Vaters nicht so hören wie wir. Sie müssen die Dinge mit ihren eigenen Augen sehen. Und wenn sie sehen, was Gott durch Jesus Christus tut, weinen sie, „Ich will das haben! Ich ertrage die Situation, in der ich gefangen bin, nicht mehr!" Dann ziehen sie ins Reich Gottes ein.

Kein volles Evangelium ohne Heilung

Heilung ist wichtig. Sie ist Teil des Missionsbefehls und fester Bestandteil des Evangeliums. Das Evangelium stellt Menschen geistlich, mental und physisch wieder her. Das griechische Wort „errettet" (sozo) heißt u.a. „Heilung". Die Bibel macht keinen Unterschied zwischen den beiden. Manchmal wird das Wort „geheilt" angewandt, und manchmal heißt es „errettet". Es gibt keinen Unterschied – es ist dasselbe Wort – weil Heilung im Evangelium enthalten ist.

Heilung ist kein geringer Teil des Evangeliums, sondern etwas, das Jesus die ganze Zeit tat. Sie ist im Erlösungswerk enthalten. Die Bibel sagt, daß er unsere Übertretungen trug wie auch unsere Krankheiten.

Jesu Sieg auf Golgatha gilt dir heute; er ist nicht etwas, das du erst im Himmel genießen darfst. Deine Sünden sind dir heute vergeben. Jesus hat deine Übertretungen heute getilgt!

Das hebräische Wort für „Übertretungen tragen" wird auch benutzt, um auszudrücken, daß er unsere Krankheiten und Schwachheiten trug. „In seinen Striemen!" erklärt die Bibel, „seid ihr geheilt" (1. Petr 2:24).

Unsere Erlösung auf Golgatha ist ein zweifaches Werk. Für Sünde und Krankheit – für beides – wurde bereits bezahlt.

Ihre Macht über die Menschheit ist durch Jesus gebrochen, der sein Leben für dein gesamtes Sein hingegeben hat.

Heilung ist Teil des Alten und des Neuen Bundes. Sie ist Ausdruck des unveränderlichen Charakters des Vaters. Tatsächlich ist Heilung ein Teil des Namens Gottes; Er hat dir gesagt, daß er der Herr ist, der dich heilt (2. Mose 15:26).

Heilung ist eines der Sakramente in der Gemeinde. Sie ist im Abendmahl enthalten; und es gibt viele Zeugnisse von solchen, die während der Wassertaufe geheilt wurden. Es gibt weitere Sakramente, die der Herr in die Gemeinde gegeben hat, auch als Wege für seine Heilungskraft. Das Handauflegen (Mark 16:15–18), Salbung der Kranken mit Öl (Jak 5:14), einander Sünden bekennen, damit der Herr uns heilt (Jak 5:16) und das Gebet des Glaubens (Jak 5:15).

Natürlich gehört Heilung auch zu den Gaben des Geistes. Die einzige Gabe, die im Plural erwähnt wird, sind die „Gaben der Heilung" (1. Kor 12:9). Gott weiß, daß sie notwendig sind! Sie müssen sein, und er bestätigt sie mit seinem Wort und seinem Geist.

Gott will dich heilen!

Gott will jeden heilen. Mit anderen Worten: Gott will dich heilen. Wenn die Bibel gesagt hätte, daß Jesus nur einige Menschen heilte, wäre es schwieriger, sich selbst mit ihnen zu identifizieren. Aber es heißt, daß er alle heilte. Alle meint jeden – sogar dich! Genau jetzt sagt Jesus zu dir persönlich, „Ich will, sei gereinigt!" Bekenne dieses Gebet. Erkläre, daß dieser kostbare Jesus, den wir lieben, nicht nur unser Herr und Erretter ist, sondern auch unser Heiler:

Jesus, ich danke dir, daß du die Kranken geheilt hast, und zwar jeden von ihnen. Ich danke dir, daß du auch mich heilen willst. Ich bekenne dich jetzt als meinen Arzt. Du bist mein Heiler, und dein Wort ist meine Medizin. Der Heilige Geist wirkt Heilung in mir, so daß ich mich jetzt ansehen und froh sein kann, daß ich bei guter Gesundheit bin, egal, wie es auch meiner Seele geht. Gott wird die Ehre bekommen, und die Welt wird erkennen, daß du lebst. – Amen.

Benutze das Wort Gottes!

Um Heilung in deinem Leben zu empfangen, mußt du in deinem Herzen wissen, daß Gott dich wirklich heilen will. Hör' dir Lehre an und lies Bücher, die mit dem Wort Gottes übereinstimmen, und vor allem sinne über das Wort nach. Nimm die folgenden Schriftstellen und birg sie in deinem Herzen, indem du sie laut liest und überdenkst. Lerne sie gut auswendig!

„Ich bin der Herr, der dich heilt." (2. Mose 15:26)

„Lobe den Herrn, meine Seele, und vergiß nicht, was er dir Gutes getan hat. Der dir alle deine Missetaten vergibt und heilt alle deine Gebrechen." (Ps 103:2–3)

„Die zum Herrn schrien in ihrer Not – da rettete er sie aus ihren Ängsten. Er sandte sein Wort und machte sie gesund und befreite sie vor ihrem Untergang." (Ps 107:19–20)

„Mein Sohn, achte auf meine Worte; neige dein Ohr zu meiner Rede. Denn sie sind Leben denen, die sie finden, und Gesundheit ihrem ganzen Leib." (Spr 4:20–22)

„Jedoch unsere Krankheiten waren es, die er getragen hat, und unsere Schmerzen lud er auf sich. Wir aber hielten ihn für gestraft und von Gott geschlagen und gemartert. Und doch war er verwundet um unserer Übertretungen willen und zerschlagen infolge unserer Verschuldungen. Die Strafe war auf ihn gelegt zu unserem Frieden, und durch seine Striemen sind wir geheilt." (Jes 53:4–5)

„Was dem Herrn gefällt, das führt er aus im Himmel und auf Erden." (Ps 135:6)

„Herr, wenn du willst, kannst du mich rein machen. ‚Ich will, sei rein.'" (Matth 8:2-3)

„Wie du geglaubt hast, so geschehe dir." (Matth 8:13)

„Und er heilte alle, die krank waren, auf daß erfüllt würde, was von dem Propheten Jesaja gesagt war: Er nahm unsere Schwachheiten auf sich und trug unsere Krankheiten." (Matth 8:16–17)

„Als Jesus ihren Glauben sah, sprach er zu dem Gelähmten, sei getrost, mein Sohn, deine Sünden sind dir vergeben. Steh' auf." (Matth 9:2.6)

„‚Sei getrost, meine Tochter, dein Glaube hat dir geholfen.' Und die Frau war von dieser Stunde an gesund."
(Matth 9:22)

„Und Jesus durchwanderte alle Städte und Dörfer, lehrte in ihren Synagogen, predigte das Evangelium vom Reich Gottes und heilte jede Krankheit und jedes Gebrechen unter den Menschen." (Matth 9:35)

„Heilt die Kranken, reinigt die Aussätzigen, auferweckt die Toten, treibt Dämonen aus. Umsonst habt ihr empfangen, so gebt auch umsonst." (Matth 10:8)

„Große Volksscharen folgten ihm, und er heilte sie alle." (Matth 12:15)

„Sie brachten ihm alle, die krank waren. Und soviele ihn berührten (sein Gewand) wurden völlig geheilt."
(Matth 14:35–36)

„Und alles, was ihr im Gebet erbittet, werdet ihr empfangen, wenn ihr Glauben habt." (Matth 21:22)

„Fürchte dich nicht, glaube nur." (Mark 5:36)

„Wenn du glauben kannst – alles ist möglich dem, der da glaubt." (Mark 9:23)

„Was willst du, das ich für dich tun soll? ‚Rabbuni, ich möchte sehen können.' Gehe hin, dein Glaube hat dich gerettet." (Mark 10:51–52)

„Bei allem, was ihr im Gebet erbittet – glaubt nur, daß ihr es empfangen habt, so wird es euch zuteil werden."
(Mark 11:24)

„Bei Gott ist kein Ding unmöglich." (Luk 1:37)

„Ich bin gekommen, daß sie Leben haben und es im Überfluß haben." (Joh 10:10)

„...und sie alle wurden geheilt." (Apg 5:16)